JN160302

ナチュラル・ワイルド

生活動作の本質

「ヒト」という生き物が強く生きていくため

ナチュラル（自然）でワイルド（野性的）な

カラダの動きを思い出してもらいたい。

健康ってなんだろう？

それはエネルギー消費の

少ない滑らかで美しい二足歩行

必要な栄養素を得ることで生命を維持し

健全な状態で子孫を残していくこと。

Milk
BUTTER

日常のしなやかで

美しいフォームでの動作こそが

「健康」な人生を送るために必要なのです。

はやりのマシントレーニング

それは滑らかな動作をつかさどる

私たちの「運動脳」にはうけいれられません。

全身で力を受け止めようじゃないか

その力を地球に受け流す。

全身の調和運動が

自然に運動脳に記憶されるのです。

坂の上から大きな石が転がってきます。

あなたの後ろには可愛い子犬がいます。

あなたが石を止めなければ

大変なことになってしまいます。

あなたは重い石の力を

手⇒腕⇒肩⇒上肢⇒

お尻⇒下肢⇒脚裏⇒地面（地球）へと

受け流してあげます。

この力の流れこそがナチュラル（自然）で

ワイルド（野生）な身体動作としてのみで

ヒトのDNAに記憶されます。

【ナチュラルな身体運動】

～　幼児から高齢者まで共通　～

①ひざ抱え座り込み（両手で両ひざをしっかり抱える）

②立ち上がりジャンプ（①の姿勢から跳び上がる）

③押し相撲（丈夫な壁や大木を片手及び両手で押す）

④でんぐり返し（前転・後転）
高齢者は除きます。

⑤直ぐに立ち上がる（④前転後勢いよく立ち上がる）
高齢者は除きます。

⑥腕上げ横回転ころがり（左回り・右回り）

①
②
③
④
⑤
⑥

将来を担う子供たちは溢れんばかりの

情報に囲まれています。

生物本来のDNAに刻まれた生き抜くための

運動脳と学習脳を目覚めさせるため、

アナログ的なしなやかで

節度あるやんちゃな運動を心がけてほしい。

そして安全な環境の確保は

周囲の大人たちの役目です。

だからこそ生物として

ヒトが持つ本来の

自然（ナチュラル）で

野性（ワイルド）な身心を手に入れてほしい。

常に勉強を続け指導をしていきます。

ヒトらしい本来の力を発揮するために。

えほん

ナチュラル・ワイルド──生活動作の本質

2024年9月30日　初版発行

文　近藤　吉夫
絵　OBDM paint
制作協力　オフィスグリーンK
編　集　萬山　偏
デザイン　山崎　薫

発行所　株式会社　三恵社
〒462-0056 愛知県名古屋市北区中丸町 2-24-1
TEL 052-915-5211　FAX 052-915-5019
https://www.sankeisha.com

 ISBN 978-4-8244-0012-3